Lk 9 269

SECONDE
PÉTITION

ADRESSÉE

A MM. LES DÉPUTÉS DES DÉPARTEMENS.

Nota. Cette Pétition a été déposée au secrétariat de la Chambre des députés, le 24 décembre mil huit cent vingt-un, où elle a été enregistrée sous le N°. 244, et transmise le même jour à la commission des pétitions.

SECONDE
PÉTITION

ADRESSÉE

A MM. LES DÉPUTÉS DES DÉPARTEMENS,

SUR L'ABOLITION DE

L'ESCLAVAGE

ET DES

RÉGLEMENS INCONSTITUTIONNELS

QUI PRIVENT LES

HOMMES DE COULEUR

DE LEURS DROITS POLITIQUES, DANS LES COLONIES
FRANÇAISES ;

PAR CIVIQUE DE GASTINE,

AUTEUR DE PLUSIEURS ÉCRITS EN FAVEUR DE L'HUMANITÉ.

La Liberté, l'Agriculture et le
Commerce, font le bonheur
et la richesse des nations.

A PARIS,

Chez les marchands de nouveautés et dans toutes les
librairies constitutionnelles de l'Europe.

1822.

Messieurs les Députés,

A la session dernière de la Chambre, j'ai eu l'honneur de présenter une pétition dont l'objet est l'abolition de l'esclavage dans les *Colonies françaises.*

Mon projet d'émancipation était tellement combiné, qu'il devait avoir pour résultat, sans attaquer la plus immorale, la plus injuste des propriétés, non seulement la liberté des hommes de toutes les couleurs dans nos possessions d'outremer, mais encore celle des intéressantes victimes de la cupidité des *Colons* de tous les pays (*).

(*) Pour justifier l'esclavage, les Colons de tous les pays ont toujours soutenu que le *noir* ne fait

A défaut de bonnes raisons, pour réfuter ce projet philantropique, quel moyen a-t-on employé ?....

point partie de l'humanité; qu'il est une nuance entre l'homme et l'espéce inférieure, et cela parce qu'il n'est pas blanc !!!

En tirant parti de ce principe de la différence de couleur, les noirs ne seraient-ils pas en droit de dire aux blancs : Si l'on doit classer parmi les monstres, tout ce qui s'écarte de la règle générale, il est certain que l'avantage ne serait pas de votre côté; mais bien de celui des hommes de couleur. En effet, il suffit de se rappeler que tous les habitans de l'Afrique sont noirs ; que ceux de l'Amérique sont de couleur plus ou moins *cuivrée* ; que ceux de l'Asie sont noirs dans une partie et très-jaunes dans l'autre : il ne reste donc plus que le nord et la région moyenne de l'Europe, peuplée d'hommes entièrement blancs ; car ceux qui habitent le midi de cette partie de monde, comme l'Italie, l'Espagne, le Portugal et même la Provence, ont un teint tellement *basané*, que dans les colonies on les prendrait pour des hommes de couleur, si l'on ne connaissait leur origine.

Ainsi, pourraient dire les noirs aux colons, en admettant que vous soyez d'une autre espèce que nous, c'est vous qu'il faut retrancher de l'humanité; car le plus grand nombre forme toujours l'espèce.....

...... Le silence !.... L'on n'a allégué aucun motif de cette conduite inconstitutionnelle et scandaleuse...... En aurait-on manqué ?.... Cependant l'on sait de reste que jamais la faction coloniale n'a été difficile sur le choix des moyens pour repousser ce qui est sage et raisonnable.

Si les principes d'humanité contenus dans ma pétition étaient contraires aux sentimens et aux projets des membres de la commission chargée de l'examiner, ils pouvaient, en le motivant, proposer l'ordre du jour ; mais la charte leur ordonnait du moins d'en rendre compte à la chambre ; car c'était à la représentation nationale et non à la commission que ma demande était adressée.

En se permettant ainsi de mettre ma pétition au *néant*, les membres de la commission ont violé tout à la fois et mes droits de citoyen français, garantis par la charte, et le serment qu'ils ont fait d'être fidèles à la constitution et à leurs mandataires !!!....

J'étais en droit d'appeler la vengeance des lois sur ces députés qui se disent les protecteurs des opprimés, et qui étouffent la voix de quiconque invoque la jouissance des droits sacrés de l'humanité, en faveur des victimes de la cupidité et de la tyrannie.

Que deviendrait la société si les citoyens suivaient ce dangereux exemple, méconnaissaient les pouvoirs des corps législatifs, et refusaient d'obéir aux lois?.... Peut-on se flatter d'obtenir la confiance, le respect, lorsqu'on ne se montre que les désorganisateurs de la société, sous prétexte d'en resserrer les liens?

Lorsque ceux auprès desquels on invoque la réforme des abus, sont les premiers qui en profitent, il est évident que le corps social est sous le double poids de l'arbitraire et de l'oppression. Je ne crains pas de proclamer ici comme une grande vérité que, tant que la faction coloniale influera sur le gouvernement français, quelles que soient les améliorations *supposées* dont le régime de nos colonies puisse en *apparence* devenir l'objet, le sort de nos frères, les noirs, et celui des hommes de couleur, n'en sera pas moins en réalité, plus que précaire.

Il n'est que trop vrai, MM. les députés, que pendant le temps que je réclamais en vain l'attention de la Chambre en faveur de nos malheureux frères, les hommes de couleur ; dans les colonies françaises, *Thémis*, la hache en main, disputant le glaive aux bourreaux, parcourait *la Guadeloupe* et *la Martinique*........ Elle faisait tomber sous ses coups une foule d'innocentes victimes.

Depuis trop longtemps, dans nos colonies, le sanctuaire des lois est teint du sang de l'innocence. De longs gémissemens et des cris sinistres s'élèvent chaque jour de son enceinte, et retentissent en vain sous les voûtes sacrées qui couvrent l'autel du Dieu de la miséricorde! Les Colons, aveuglés par la fausse sécurité du crime, semblent méconnaître les signes précurseurs des tempêtes. Les insensés ! ils sourient à l'idée d'un avenir qui devraient les effrayer.

Toutes les institutions dont le vice peut amener un bouleversement général dans nos colonies, *supprimées* ou conservées, n'y sont pas moins en vigueur.

La traite est abolie de droit, et se pratique de fait, parceque l'esclavage est conservé. C'est l'abolition de l'esclavage qui abolira la traite. Or, si la servitude est par le fait un moyen conservateur de la traite, la loi philantropique qui abolit pour toujours ce commerce odieux, abolit de droit l'esclavage ; car qui veut la fin, veut les moyens.

Si, au lieu de protéger le commerce impie de la chair humaine, nos ministres avaient pris

contre ceux qui se livrent à cet abominable
trafic, tous les moyens de répression que la loi
met à leur disposition ; ils auraient épargné au
gouvernement légitime, la défaveur d'être cité
par les deux chambres du parlement britannique
dans l'adresse qui l'a occupé *les 25 et 26 juin*
1821 : on trouve dans cette adresse mémorable
les passages suivans :

» Si nos regards se plaisent à contempler le
» zèle honorable manifesté par les États-Unis,
» dans la sainte cause de l'humanité, c'est avec
» le sentiment de la plus profonde douleur que
» nous les détournons sur la France. Quelques-
» uns des sujets de cette puissance ont porté
» la traite à un dégré d'étendue, auquel elle
» n'était point *encore* arrivée. Non-seulement
» les établissemens africains rendus à la France
» par ce pays, mais encore toute l'étendue de
» la côte d'Afrique, ont été le théâtre de ces
» déplorables excès. Le pavillon français ne se
» borne pas à protéger les sujets français,
» dans leurs criminelles entreprises ; il sert
» encore de protection à ceux des sujets étran-
» gers qui sont engagés dans la traite ; mais
» qui, grâce à la vigilance des croisières bri-
» tanniques, ne peuvent l'exercer sous le pa-
» villon de leurs nations respectives.

» Ces réflexions deviendront plus doulou-
» reuses encore, si l'on considère qu'à l'époque
» où ces établissemens étaient au pouvoir de la
» Grande-Bretagne, les habitans des pays cir-
» convoisins étaient entièrement à l'abri de la
» pernicieuse influence de la traite et des dé-
» prédations qu'elle occasionne. Déjà ils com-
» mençaient à respirer; la sécurité avait rem-
» placé la terreur; déjà ils se livraient à l'exer-
» cice d'une industrie paisible et d'un commerce
» légitime. Mais le renouvellement de la traite,
» qui a suivi immédiatement la cession de ce
» pays à la France, a détruit toutes les espé-
» rances qu'on avait conçues, et amené, de *nou-*
» *veau*, sur ces malheureux rivages, le brigan-
» dage, l'anarchie, la stérilité et la désolation.

. . . .

» En conséquence, nous supplions Sa Ma-
» jesté, de représenter à la cour de France,
» combien ces actes coupables compromettent
» sa réputation et *son honneur*; nous la sup-
» plions, également, de vouloir bien renouve-
» ler ses tentatives près de cette puissance, pour
» l'inviter à remplir les engagemens solennels
» qu'elle a contractés au sujet de la traite,
» comme aussi à réaliser la promesse qu'elle a
» faite récemment d'employer des mesures plus

» efficaces, et de promulguer de nouvelles dis-
» positions pénales, afin d'empêcher que des
» sujets français ne continuent, à l'avenir, ce
» commerce dévastateur. »

Ce n'est donc pas seulement l'humanité, c'est encore la dignité de la nation, c'est *la réputation et l'honneur de la couronne de France*, que les ministres compromettent, en protégeant d'une manière aussi scandaleuse cet abominable trafic.

Le ministère de la marine attesterait aux yeux de l'Europe son incurie, s'il prétendait ignorer le brigandage commis sous sa *haute protection*, par ses agens du Sénégal. Les deux mondes connaissent les crimes restés impunis, quoique mis au grand jour dans la première pétition de M. Morénas. Si, au lieu de garder un coupable silence sur la seconde pétition de ce courageux citoyen, le gouvernement légitime eût fait justice de ceux qui outragent, avec une aussi criminelle audace la nature et la divinité, il se serait épargné l'humiliation d'être noté comme on vient de voir, dans l'adresse des deux chambres du parlement britannique.

Il paraît certain que l'on n'a jamais été animé du désir de réformer les abus dans nos colonies ; en effet, depuis la *restauration*, on annonce les vues les plus philantropiques pour l'amélioration du sort des colons de toutes les classes, et l'on remet d'année en année la présentation aux Chambres des projets de loi qui pourraient atteindre ce but. On avait, disait-on, des projets de bienfaisance et d'humanité en faveur des esclaves, et l'on rive leurs chaînes !... Personne n'osait contester les vices de l'administration coloniale actuelle, et l'on voudrait les éterniser. On se proposait, disait-on, de fixer un terme à l'état d'opprobre et de dégradation dans lequel, au mépris des lumières du siècle, gémit la classe intéressante, et éminemment patriote des gens de couleur, et l'on repousse, avec affectation, tous les moyens qui peuvent conduire à ce but si désirable.

Je le répète encore, MM. les députés, ce n'est pas en suivant les erremens qui nous ont fait perdre *Saint-Domingue*, ce n'est pas en accueillant les idées des gens les plus barbares et les moins éclairés, qu'on fera prospérer nos colonies ; ce n'est pas en confiant leur administration à des hommes le plus souvent sans moralité et le rebut de l'Europe, de cette Europe déjà vieillie, qu'on tirera des colonies tous les avantages qu'en retirerait une bonne administration.

Nous voyons chaque jour qu'un gouvernement immoral et vicieux ne peut exister, s'il n'est soutenu et protégé par des forces militaires considérables. Mais, si un pareil état de choses est abusif en Europe, combien doit-il l'être davantage dans nos colonies où l'esprit soldatesque, les mœurs dissolues des garnisons composées de l'*écume* des nations européennes, jointes à l'improbité d'une foule de fonctionnaires publics, ont toujours été un obstacle insurmontable à leur prospérité.

Dans la Charte même, je ne vois nulle part, ni traite, ni esclavage, pas plus que l'aliénation des droits politiques dont les hommes de couleur sont si injustement privés. L'article 73 de cet acte dit : *Les colonies seront régies par des lois et des réglemens particuliers.* Mais il ne s'en suit nullement de-là que l'esclavage soit *constitutionnel*, non plus que l'arbitraire affreux sous le poids duquel gémissent toutes les classes de citoyens dans nos possessions d'outre-mer. En effet, des actes du pouvoir exécutif peuvent, en violant les principes sacrés de la morale et de la religion, consacrer l'esclavage ; mais des lois ne sauraient l'établir ; car, leur caractère est de représenter la volonté générale, qui repousse tout ce qui blesse la dignité de l'homme.

La Charte n'est pas moins applicable aux colonies qu'à la France elle-même. Or, *l'article premier dit* : *Les Français sont égaux devant la loi quels que soient d'ailleurs leurs titres et leurs rangs* (*). Ainsi la couleur de l'épiderme n'étant ni un titre, ni un rang, et, d'ailleurs, la Charte ne reconnaissant ni plusieurs races d'hommes, ni plusieurs espèces de Français, il s'ensuit naturellement que les hommes de couleur et tous les noirs sont assujétis aux lois de la France, comme les autres habitans de la métropole, et qu'elles sont également applicables à tous. Soutenir le contraire, serait prétendre classer la Charte elle-même parmi nos *lois d'exception*, ce qui serait un peu fort !!!

Notre ministère qui joue la piété, expliquerait-il pourquoi *Jésus-Christ* s'est plutôt manifesté à des hommes au moins *bruns*, qu'aux blancs qui habitent le nord ?

Priver de leurs droits politiques les hommes de couleur et les assujétir, ainsi que les noirs ,

---

(*) Le ministère poussa la folie en 1816, jusqu'à charger les sieurs *Lavaisse* et *Médina* de proposer des *lettres de blancs* aux noirs d'Haïti, à la condition de reprendre leurs chaînes !!! — On n'avait jamais rien vu de plus ridicule que ce qui a été tenté par certains hommes, à cette époque !....

à des lois barbares qui ne sont ni pour la France, ni faites par la France, n'est-ce pas leur dire que, n'étant pas Français, ils peuvent, à l'exemple de leurs frères les Haïtiens, déclarer leur indépendance, se constituer en corps de nation, et adopter le genre de gouvernement qu'ils jugeront le plus convenable.

Les passions de l'homme, quelle que soit sa couleur, soulevées par les excès du despotisme et les malheurs de l'esclavage, sont des matières plus inflammables que celles des volcans. Je plains l'insensé qui prétend s'en rendre maître, et les diriger à son gré.

Une vérité incontestable, MM. les députés, c'sst que la fermentation est telle parmi les noirs de la Guadeloupe et de la Martinique, que leur régime changera, quoi qu'il puisse être résolu relativement à ces importantes colonies. Il vous est encore donné de préserver nos frères de toutes les couleurs, des calamités inséparables des bouleversemens politiques.

En vain le gibet est-il en permanence dans ces îles infortunées ! ce moyen ressemble trop à *l'amnistie* récemment publiée dans le Piémont, et à la *paternité* qui proscrit à Naples ; il peut allumer le feu, et non l'éteindre !.....

O vous ! ennemis implacables de la liberté e

du bonheur de vos semblables, le moment approche où votre affreux système d'esclavage et de dégradation *anti-humaine* doit s'écrouler sous son propre poids. N'apercevez-vous donc pas, ô Colons cupides et pervers, les avant-coureurs de l'orage qui se forme sur vos têtes ?..... Déjà l'ombre sanglante du vertueux Ogé est sortie du tombeau !........... Le spectre livide et décharné de l'illustre Toussaint-Louverture s'est présenté à l'imagination sensible et ardente de cette classe infortunée dont vous avez juré de fouler éternellement aux pieds les droits ! ! ! Vous ne craignez donc pas que, poussés à bout par vos éternelles rigueurs, les noirs de vos ateliers ne s'écrient dans leur trop juste désespoir : que l'homme outragé qui brise ses fers ne doit proclamer sa liberté que sur les cadavres des tyrans !!!......

Non-seulement les hommes de couleur libres, c'est-à-dire présumés tels, sont privés de leurs droits politiques dans les colonies françaises ; mais ils sont encore courbés sous le joug du plus épouvantable arbitraire ; l'on peut en juger par ces extraits d'une lettre que M******, l'un des hommes de couleur les plus respectables et propriétaire à la Martinique, écrivait dernièrement sur les vexations et la tyrannie

dont il était la victime : « Le voyage de (*il*
» *parle de son jeune fils qu'il désirait faire passer*
» *en France, pour y achever son éducation*) est
» renvoyée à l'année prochaine. Il faut faire
» tant de *soumissions*, tant de *pétitions*; il faut
» fournir tant de *certificats* de médecin pour ob-
» tenir *la permission* de faire passer en France
» un malheureux homme de couleur, que le
» courage manque »........

Mais, MM. les députés, une chose qui vous
surprendra sans doute, c'est que ces mêmes
hommes de couleur qui sont obligés, pour obtenir la PERMISSION de passer en France, de
faire tant de *pétitions, de soumissions*, etc., ob-
tiennent, sans la moindre difficulté, l'autori-
sation de se rendre en Angleterre ou dans les
autres États de l'Europe !..... Quel but peut-on
se proposer, en leur interdisant ainsi l'entrée
de la métropole?..... Serait-ce la crainte qu'ils
n'y portassent eux-mêmes au pied du trône l'ex-
pression de leur patriotisme, et n'y déroulas-
sent aux yeux du monarque, le tableau effrayant
des crimes de leurs oppresseurs ? Que résulte-
t-il de ce système affreux? Que les Colons eux-
mêmes concourent, à la ruine du commerce de
la métropole en forçant ceux qui viendraient y
porter des capitaux, d'aller répandre leurs ri-

chesses dans un pays étranger. Est-ce en forçant les hommes de couleur à prendre, hors de
France, une éducation et des goûts opposés aux
mœurs et au caractère de leurs compatriotes,
qu'ils contracteront des sentimens de patriotisme et d'attachement à la métropole? Nous
savons tous, MM. les députés, que les affec-
tions contractées dès l'enfance ont une longue
durée.

Hâtez-vous, MM., de rendre la jouissance des
droits politiques aux hommes de couleur, et la
liberté aux esclaves! C'est le seul moyen de préserver nos colonies des désastres qui peuvent y faire
couler des fleuves de sang. Banissez la crainte
mal fondée que le noir, devenu libre, s'aban-
donnera à la paresse et au vagabondage. Si, dans
l'état d'esclavage, le noir semble paresseux et
indolent, il a cela de commun avec tous les
êtres raisonnables ; car, c'est toujours avec ré-
pugnance qu'on se livre à un travail ingrat dont
on ne profite jamais. Donnez la liberté aux esclaves, et lorsqu'ils seront libres et intéressés
aux produits de la culture, vous verrez qu'ils
ne sont ni moins laborieux, ni moins actifs que
les *blancs* qui les calomnient.

Faut-il vous citer, à l'appui de cette opinion,
les habitans de la république d'Haïti, qui se li-

vrent avec ardeur et succès à l'agriculture, aux arts et aux sciences !...)

Tous sont propriétaires, dans cette république, ou aspirent à le devenir, pour rivaliser de zèle et d'intelligence, dans le développement des facultés intellectuelles. Si la terre d'Haïti produit infiniment plus, depuis qu'elle est cultivée par des mains libres, n'est-ce pas pousser l'extravagance et la folie au dernier degré, que de prétendre que si les noirs étaient émancipés dans nos colonies, les terres y resteraient en friche ? La prospérité et la population toujours croissante d'Haïti, sont une preuve certaine que partout où la propriété sera assurée, que là où des préjugés barbares et des ordonnances immorales n'aviliront pas les hommes, ils se multiplieront ainsi que les richesses nationales, en proportion de la fertilité des terres et de la liberté. Aussi le sage gouvernement de cette république, comparé à celui de l'ancienne colonie de *Saint-Domingue*, a prouvé que la tyrannie et l'esclavage peuvent seuls arrêter la fécondité de l'espèce humaine, dans les lieux où les subsistances abondent. On avait déjà fait la remarque, dès avant la révolution, que la prospérité des colonies françaises avait toujours été croissante en proportion de l'inexécution des lois et réglemens auxquels elles étaient assujéties.

Les Colons ne trouveront pas toujours un abri contre les tourmentes révolutionnaires qu'ils provoquent, par leur opiniâtreté, à ne pas vouloir se conformer au nouvel ordre de choses qui se prépare, et dont aucune force humaine ne saurait empêcher l'établissement. Vainement ils soutiendront qu'ils ne mutilent plus leurs noirs, j'ai la preuve certaine du contraire : dans le mois de mai 1821, parmi les malheureux esclaves détenus à la geôle *au Fort Royal* de la Martinique, il s'en trouvait un qui avait le *bras gauche coupé*, et une *forte cicatrice* à l'œil gauche. Cet infortuné refusait obstinément de déclarer son nom ni celui de son maître, en protestant qu'il périrait plutôt que de retourner chez le colon qu'il fuyait. Sans doute, ce noir n'avait pas été acheté dans l'état de *mutilation* où il se trouvait au moment de son arrestation. On sait que les capitaines *négriers en jetent à la mer* de plus robustes et de plus sains, et qu'il ne manque ni bras, ni œil, à ceux qu'on prend sur les côtes d'Afrique, pour les vendre dans nos colonies, au mépris des lois et des engagemens les plus solennels.

Aussi la désertion des noirs est telle dans cette île, que du 20 janvier 1821 au 12 avril même année, onze nègres ou négresses sont partis *marrons* de chez monsieur *M. J. B. Millon Desvignes*, colon au Prêcheur. Ce qui est remarquable, c'est qu'à la Martinique, il est généralement reconnu que M. *Desvignes* maltraite bien moins ses esclaves que les autres colons, ses confrères.

J'ai cru devoir mettre sous vos yeux quelques extraits de plusieurs lettres de la Martinique ; leur authenticité n'est pas équivoque ; ils vous éclaireront, mieux que je ne saurais le faire, et sur les abus et les injustices qui se commettent dans nos colonies, et sur les moyens d'y remédier.

Si je tais les noms des différens auteurs de ces lettres, c'est que s'ils venaient à être connus de ceux qui ont intérêt à la prolongation du système affreux qui règne dans les colonies, leurs jours ne seraient pas en sûreté. En effet, quelle puissance peut garantir la vie des hommes et arracher la victime des mains sanglantes du sacrificateur, dans une contrée malheureuse où des juges ont osé condamner au dernier supplice, des noirs qui fuyaient l'esclavage, sous prétexte, qu'en s'affranchissant ainsi, *ils volaient à leurs maîtres le prix de leur valeur !!!*

Extrait d'une lettre de Saint-Pierre, île de la Martinique, le 28 mai 1821.

. . . .

. . . . « Les noirs n'ont pas fait de tentatives pour recouvrer leur liberté depuis près de trois ans ; mais une fermentation sourde et inquiétante existe ici parmi les hommes de couleur libres et les esclaves. Tout présage des catastrophes, si le régime de fer sous lequel gémissent toutes les classes de citoyens, n'est pas remplacé par une administration sage et conforme aux principes de l'équité et de la civilisation du Nouveau-Monde.

» Les autorités locales sont par trop méticuleuses ; dans la moindre circonstance, le gouvernement déploie toutes ses forces.

» Le danger des blancs ici, est éminent, et les moyens d'y parer sont tellement faibles, que les Européens, au bout de trois mois de séjour à *Saint-Pierre*, ou au *Fort-Royal*, sont contraints de monter la garde, et par cela même, de veiller à leur propre sûreté !... Cet état d'anxiété dont nous sommes redevables à la forme de notre gouvernement et aux préjugés des administrateurs et des magistrats, est plus préjudiciable qu'on ne pense à la prospérité de la colonie.

*Extrait d'une autre lettre de Saint-Pierre, île
de la Martinique, 19 juin 1821.*

. . . .
. . . .
. . . .

. . . .» L'administration intérieure de la colonie
ne répond à aucun de ses besoins; c'est une exploitation calquée sur les anciens réglemens, et
rien ne nous fait encore jouir des progrès que
les gouvernemens, les plus despotiques, ont
faits, à contre-cœur, dans l'art de conduire des
masses.

» Non seulement le préjugé qui éloigne les
blancs des hommes de couleur libres, existe ici
dans toute sa force, mais les blancs entre eux
n'en sont pas exempts. Aussi ne peut-on voir
sans pitié que le commerce de cette île est divisé en deux classes, et tel négociant qui se
croit de la première, évite avec le plus grand
soin de se trouver en société avec tel autre qui
s'imagine n'être que de la deuxième.

» Le prétendu *haut - commerce* tient ses
séances au Cérole, chez M. *Touneins*, imprimeur et directeur de la poste. C'est dans l'un de
ces *conciliabules* qu'on décida l'an dernier, que
M. *Cacquerai de Valmenier*, procureur du Roi,
partirait pour Paris, afin d'accroître à la Cham-

bre des députés, le nombre des défenseurs du système qui nous régit.

» Les affaires sont ici dans la plus grande stagnation ; la cause n'en est pas difficile à reconnaître. Les planteurs ont acheté et achètent beaucoup, quand on veut leur vendre à terme ; mais, comme ils ne sont pas toujours exacts à remplir leurs engagemens, on court de très-grands risques ; leurs habitations ne peuvent être vendues par autorité de justice. Naturellement très-fiers, les colons *inviolables* bravent leurs créanciers. Mais si un Européen ou un négociant est leur débiteur, ils ne manquent pas de le faire exproprier *légalement*, en faisant vendre à l'encan ses marchandises et ses magasins. Il est temps enfin que le Roi se ressouvienne qu'il a des sujets sous la Zone-Torride, et qu'ils sont encore gouvernés d'après les anciennes lois, quoique le régime constitutionnel soit établi en France, depuis près de sept ans.

» Je vous dirai de plus que la manière de rendre la justice est nulle à la Martinique, et qu'il est à souhaiter que cet état de choses finisse le plus promptement possible ; car il ne peut manquer, tôt ou tard, de nous amener des bouleversemens ».

Extrait d'une lettre du Fort-Royal, île de la Martinique, 3 juillet 1821.

.... « Des négocians de cette ville, associés à plusieurs maisons de *Saint-Pierre*, ont amassé des sommes considérables en faisant la traite. Non seulement cette branche de commerce est encouragée ici par les magistrats, pour la plupart propriétaires d'esclaves ; mais je puis affirmer que c'est la seule productive et celle qui rapporte maintenant les bénéfices les plus considérables dans les colonies françaises des Antilles. On peut s'en convaincre par le fait suivant. Un navire part de France, chargé d'une pacotille de quatre-vingt mille francs, arrive à *Bonny*, y frette deux cent soixante-un beaux noirs, bien constitués ; il fait voile pour *Surinam*, possession hollandaise ; il y débarque deux cent cinquante-un noirs, hommes et femmes bien portans : dans la traversée, le capitaine perdit dix hommes tant par maladie, que par le désespoir d'être emmenés hors de leur pays ; deux se jetèrent à la mer, malgré les précautions que l'on prit pour leur conservation.

» La cargaison fut vendue à la même maison de commerce, qui paya chacun des noirs, à raison de deux mille cinq cents francs par tête, ce qui forme un total général de *six cent vingt-sept mille cinq cents francs*. Le navire est parti de Surinam pour la Martinique, résidence des propriétaires, MM. *Rancé* et compagnie, et un mois après il a fait voile pour la France, pour y acheter une nouvelle pacotille et continuer le même trafic. »

Extrait d'une lettre de Saint-Pierre, île de la Martinique, 9 août 1821.

....

.... « Uniquement occupés du soin de s'enrichir, les fonctionnaires publics que nous envoie la métropole, et les magistrats, bien loin de chercher à épurer les mœurs, semblent au contraire, favoriser la dépravation.

» Les demoiselles ne trouvant point à se marier, on ne voit à l'église que des baptêmes et des enterremens, très-peu de mariages. On se marie rarement dans les colonies françaises : il y a tant de facilité d'avoir des femmes sans avoir recours au sacrement ?..... Les blancs de toutes les classes et les magistrats eux-mêmes, sont dans l'usage de se procurer à prix d'argent, les *mestives*, les *quarteronnes*, jolies femmes presque blanches, préférables à nos Européennes, qui, après deux années de séjour dans la colonie, ont perdu tous leurs attraits.

» Il est à remarquer que les jeunes filles sont très-liées ensemble : elles s'appellent *chères cocottes !...*

» Un événement qui a eu lieu ici dernièrement a augmenté la fermentation qui régnait depuis long-temps parmi les noirs, et les inquiétudes des blancs ont redoublés. Voici le fait : Le 12 mai dernier, on pendit un noir libre et son frère fut marqué d'un fer rouge à l'épaule. Ce noir marcha au supplice avec le plus grand sang-froid ; il disait adieu à ses camarades qu'il rencontrait, et lorsqu'il fut monté au haut de l'échelle, il se retourna vers les spectateurs, en disant : *Vous qu'allez voir mourir un homme, et bientôt la Martinique sera bouleversée !*......... Cette prédiction fatale a frappé de terreur tous les esprits. On présume que ce noir avait connaissance de quelque complot qui se trame dans le silence contre les blancs. Tous les moyens employés jusqu'à ce jour pour découvrir la vérité ont été infructueux. Partout ailleurs que dans les colonies, un semblable résultat serait, sinon une preuve, du moins une forte présomption contre l'existence d'un complot ; mais malheureusement, nous savons par expérience, combien le noir est naturellement discret. Il n'existe pas d'exemples qu'un noir, ait jamais dénoncé ses compagnons d'infortunes.

» L'éxécuteur de la justice à *Saint-Pierre* est un noir. Il ne sort jamais de la prison pour aller se promener : il courrait le risque d'être assassiné par ses compatriotes.

» On a choisi une promenade publique, la place Bertin, pour l'exécution des condamnés. La potence y offre continuellement la preuve immorale que le fort se joue des droits du faible, et que la charité chrétienne est pour ceux qui s'en targuent le plus, un mot vide de sens, ou un moyen de se servir de la religion pour tromper les hommes, comme *Sertorius* de sa biche, pour en imposer à ses contemporains.

» Tout jusqu'aux moindres actes de notre Gouvernement, dévoile ineptie : ses erremens mèneront infailliblement la colonie à sa perte ».

. . . .

Pour vous convaincre, Messieurs les députés, de la nécessité où se trouve la France de changer entièrement les systêmes administratif et judiciaire de ses colonies, je n'ajouterai rien au tableau fidèle que je viens de mettre sous vos yeux ; car ce serait nier que vous profitez des leçons de l'expérience. On ne dira point en 1822, que les députés de ma patrie, ferment l'oreille

à la voix de deux mondes qui protestent contre
toute oppression, comme le firent nos frères des
deux premiers siècles de l'ère vulgaire , contre
les tyrans qui régnaient sur les débris de la république romaine.

Je suis avec respect

Messieurs les députés ,

Votre concitoyen ,

CIVIQUE DE GASTINE,

Imprimerie de F.-P. HARDY, rue Dauphine , n. 36.

www.ingramcontent.com/pod-product-compliance
Lightning Source LLC
Chambersburg PA
CBHW051403050726

47595CB00006B/2687